WISSEN
Schritt für Schritt
Vom kleinen Samen zum mächtigen Baum
So wachsen Pflanzen
Ruth Owen
corona
Ars Scribendi Verlag

© 2019 Ars Scribendi Verlag, Etten-Leur, Niederlande
Originaltitel: From a Tiny Seed to a Mighty Tree , FUNdamental Science © 2016 Ruby Tuesday Books Ltd.

Übersetzung: Simone Mann, BVK Buch Verlag Kempen GmbH
Redaktion: Christina Klüyken / Sandy Willems-van der Gieth, BVK Buch Verlag Kempen GmbH
DTP deutsche Ausgabe: Freek Kuijstermans
Produktion Ruby Tuesday Books: Mark J. Sachner, Emma Randall, Judy Wearing und John Lingham
Gedruckt in China

ISBN 978-94-6341-418-0

Alle Rechte vorbehalten.
Jede Verwertung in anderen als den gesetzlich zugelassenen Fällen bedarf der vorherigen schriftlichen Einwilligung des Verlages.
Hinweis zu § 52a UrhG: Weder das Werk noch seine Teile dürfen ohne eine solche Einwilligung eingescannt und in ein Netzwerk gestellt werden. Das gilt auch für Intranets von Schulen oder sonstige Bildungseinrichtungen.

Kontaktieren Sie lektorat@coronalesen.de oder besuchen Sie: **www.arsscribendi.com/de**.
Fragen zu den Veröffentlichungen von Ars Scribendi richten Sie bitte an den Herausgeber.
Der Herausgeber übernimmt keine Verantwortung für Fehler oder Missverständnisse.

Rechenschaftspflicht
Der Herausgeber dankt den folgenden Personen und Organisationen für die Erlaubnis, ihr Material in dieser Publikation zu verwenden und zu reproduzieren: © Alamy: 9 (unten links), 22 (oben); © FLPA: 22 (unten), 23 (unten); © Istock Photo: 29 (Mitte); © Shutterstock: Cover, 1, 2–3, 4–5, 6–7, 8–9, 10–11, 12–13, 14–15, 16–17, 18–19, 20–21, 23 (oben), 24–25, 26–27, 30–31.

Mehr Informationen über unser Programm finden Sie auf **www.arsscribendi.com/de**.
Bestellen können Sie über unsere Webseite oder über den (Online-)Buchhandel.

Dieses Logo bietet Erstlesern, leseschwachen Kindern, Lehrern und Lehrerinnen online eine zusätzliche Hilfe zu diesem Buch.

Verwenden Sie dafür den Code auf **www.coronalesen.de**

14180

Inhaltsverzeichnis

Herbsteicheln 4
Eine neue Eiche 6
Wachsen und sich verändern 8
Sonnenblumen 10
Tierische Helfer 12
Blumen locken Insekten an 14
Alles über Samen 16
Zapfen und Samen 18
Was brauchen Keimlinge? 20
Samen auf Reise 22
Weggeweht vom Wind 24
Samen und Früchte essen 26
Noch mehr Samen 28
Vom winzigen Samen … 30
Glossar, Index 32

Einige Wörter sind **fett** gedruckt. Erklärungen findest du auf Seite 32 im Glossar.

Unter dem Namen

erscheinen Sachbücher für Kinder von 4 bis 14 Jahren.

Herbsteicheln

Es ist Herbst im Park.

Eichhörnchen

Ein Eichhörnchen frisst Eicheln, die von Eichen herunterfallen.

Eichel

Das Eichhörnchen versteckt ein paar der Eicheln im Boden.

Wenn es Winter wird, gibt es nicht viel zu fressen.

Das Eichhörnchen gräbt einige der versteckten Eicheln aus und frisst sie.

Es kann auch Verstecke tief unter Schnee wiederfinden.

Was passiert mit Eicheln im Boden, die nicht ausgegraben werden?

Eine neue Eiche

Die vergrabenen Eicheln warten darauf, dass der Winter endet.

Im Frühling wärmt die Sonne den Boden.

Unter der Erde wächst ein kleiner **Trieb** aus der Eichel.

Trieb

Eichel

In einer Eichel ist ein Samen. Darin ist alles Wichtige enthalten, damit eine neue Eiche wachsen kann.

Der Trieb wandert durch die Erde hoch zum Sonnenschein.

Nach einer Woche ist der Trieb zu einem Eichen**keimling** mit Blättern, einem Stängel und Wurzeln gewachsen.

Der Keimling nimmt über die Wurzeln Wasser aus der Erde auf.

Wachsen und sich verändern

Die Jahre vergehen und der kleine Keimling wächst.

Der Stängel wird dicker. Er wächst zu einem starken Stamm und bekommt lange Äste.

Wenn die Eiche etwa 50 Jahre alt ist, bildet sie Eicheln.

Der Lebenszyklus einer Eiche

Lebenszyklus nennt man die Entwicklung eines Lebewesens, also wie es mit den Jahren wächst und sich verändert.

eine 100 Jahre alte Eiche

Eine Eiche lebt Hunderte von Jahren.

Eine Eichel fällt vom Baum herunter und landet in der Erde.

Ein Keimling wächst aus der Eichel.

Nach einem Jahr ist der Keimling einen halben Meter hoch.

eine 50 Jahre alte Eiche

Sonnenblumen

Ein Baum braucht manchmal viele Jahre, bis er aus einem Samen gewachsen ist. Andere Pflanzen wie Sonnenblumen wachsen in wenigen Monaten.

In den Samen sind viele **Nährstoffe.** Keimlinge nutzen diese Nährstoffe, um zu wachsen. Zu den Samen sagen wir auch Kerne.

Der Lebenszyklus einer Sonnenblume

Im Frühling wird ein Samen in die Erde gepflanzt.

Nach vier Wochen wächst ein Keimling.

Der Keimling wird größer und bekommt Blätter.

Im Frühsommer bildet sich eine Knospe.

Aus der Knospe entfaltet sich eine Blüte.

Im Spätsommer bilden sich Samen in der Mitte der Blüte. Im nächsten Frühling werden aus ihnen neue Sonnenblumen.

Zeichne es!

Zeichne den Lebenszyklus einer Sonnenblume.

Die Bilder auf dieser Seite helfen dir.

Füge Beschriftungen hinzu.

Samen ***Keimling***

Blatt ***Knospe*** ***Blüte***

Tierische Helfer

Blumen stellen feine Staubkörner her, die man **Pollen** oder Blütenstaub nennt. Ohne ihn können keine neuen Samen entstehen.

Viele Pflanzen brauchen den Pollen einer anderen Pflanze der gleichen Art, bevor sie Samen bilden können.

Doch wie gelangt der Pollen von einer Pflanze zu einer anderen?

Lilie

Blütenblatt

Pollenstaub

Wenn eine Biene zu einer Blüte fliegt, bleibt der Pollen an ihrem Körper kleben.

So transportiert die Biene ihn zu einer anderen Pflanze.
Dann kann diese
Pflanze Samen bilden.

Blumen locken Insekten an

Wie locken Blüten die tierischen Helfer an?

Blüten stellen eine süße Flüssigkeit her, die **Nektar** heißt.

Bienen, Schmetterlinge und andere Tiere trinken diesen Nektar.

Bienen bringen ein bisschen Nektar und etwas Pollen in ihren Stock. Warum tun sie das?

(Die Antwort findest du unten auf dieser Seite.)

Antwort: In ihrem Stock verarbeiten Bienen den Nektar zu Honig. Sie fressen den Honig im Winter, wenn es keine Blüten gibt. Den Pollen verfüttern die Bienen an ihre Larven.

Dieser Schmetterling trinkt gerade Nektar.

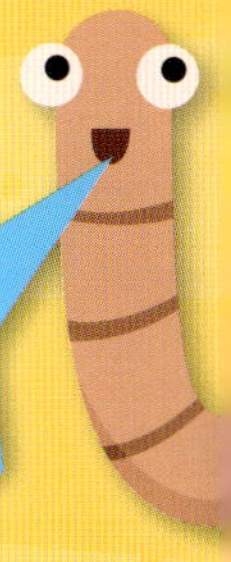

Der Duft einer Blüte und die farbenfrohen Blütenblätter zeigen den Insekten, dass es in der Blüte Nektar gibt.

Untersuche es!

Beobachte an einem warmen, trockenen Frühlingstag oder Sommertag die Bienen in einem Garten oder Park.

1. Zähle die Anzahl der Bienen auf jeder Art von Pflanze.

Welche Pflanzenfarbe ist die beliebteste?

Duften die beliebtesten Pflanzen besonders gut?

2. Nimm eine Uhr und beobachte eine einzige Biene eine Minute lang.

Wie viele Pflanzen besucht die Biene in dieser Zeit?

3. Verwende eine Lupe, um die Blüten ganz nah zu sehen.

Kannst du klebrigen Nektar oder Blütenstaub darin erkennen?

Sei vorsichtig!
Beobachte die Bienen mit einem Erwachsenen. Störe die Bienen nicht. Fasse sie nicht an und halte dein Gesicht nicht nah an sie heran.

Alles über Samen

Samen bilden sich in schützenden Hüllen.

Apfelsamen und Tomatensamen sind von weichen Früchten umgeben.

Samen

Apfel

Tomatenpflanze

Samen bilden sich in einer Blüte.

Eine weiche Frucht bildet sich um die Samen.

Die Frucht wird eine dicke rote Tomate.

Tomatensamen

Die Samen von Sonnenblumen haben eine harte Schale.

Mohnblumen bilden eine harte Kapsel um ihre Samen.

Die Samen eines Kastanienbaums werden Rosskastanien genannt. Sie wachsen in einer stacheligen Hülle.

Zapfen und Samen

Einige Pflanzen, wie Kiefern, haben keine Blüten. Stattdessen bilden sie Zapfen.

Ein paar Kiefernzapfen geben Pollen in die Luft ab.

Andere Zapfen stellen Samen her.

Sobald Pollen auf einem Samenzapfen landen, bilden sich Samen.

Wenn sich die Samen vollständig gebildet haben, öffnen sich die hölzernen Schuppen des Zapfens und die Samen fallen heraus.

Untersuche es!

Kiefernsamen müssen bei trockenem Wetter in die Luft abgegeben werden, damit sie wegfliegen können. Würde es regnen oder die Luft feucht sein, würden die Samen nicht fliegen. Lass uns Zapfen und Samen erforschen!

Du brauchst:

- einen Zapfen mit geöffneten Schuppen
- ein Glas mit Deckel
- Wasser
- ein Notizbuch und einen Stift

Wie verhindert ein Zapfen, dass seine Samen bei nassem Wetter herausfallen? Schreibe deine Vermutungen in dein Notizbuch.

1. Lege den Zapfen in das Glas.

2. Fülle das Glas mit Wasser. Der Zapfen soll bedeckt sein. Verschließe das Glas mit dem Deckel und lasse es mehrere Stunden stehen.

Was kannst du beobachten? Notiere die Ergebnisse. Stimmen die Ergebnisse mit deinen Vermutungen überein?

3. Nimm den Zapfen als Nächstes aus dem Glas heraus und lege ihn an einen warmen Ort.

Was wird nun passieren?

Was brauchen Keimlinge?

Keimlinge brauchen Erde, Wasser, Nährstoffe und Sonnenlicht, um zu wachsen.

Keimlinge haben es schwer, wenn sie zu nah bei ihrer Mutterpflanze oder anderen Keimlingen wachsen.

Die Mutterpflanze könnte das Sonnenlicht abschirmen.

Keimling

Erde

Es könnte auch nicht genug Wasser und Nährstoffe im Boden für alle Pflanzen geben.

Es ist wichtig, dass Keimlinge genug Platz haben, um zu wachsen.

Samen auf Reise

Viele Pflanzen verteilen ihre Samen mit Hilfe von Tieren. Aber wie genau passiert das?

Dieser Fuchs frisst Brombeeren.

Tiere fressen Beeren und andere Früchte, die Samen enthalten.

Der Magen der Tiere verdaut die weiche Frucht, aber die harten Samen gelangen direkt in den Darm.

Die Samen verlassen den Körper wieder im Kot der Tiere und das oft weit weg von der Mutterpflanze.

Fuchskot mit Brombeersamen

Samen

Einige Samen haben Haken und Härchen, die sich an Tieren und Menschen festhalten. So werden sie an neue Orte getragen.

Kletten-Labkraut an einem Pullover

Weggeweht vom Wind

Manche Samen werden vom Wind an neue Orte geweht.

Löwenzahn

Der Löwenzahn bildet bis zu 400 Samen.

Jeder Samen hängt an einem Schirm, der ihm hilft wegzufliegen.

Schirm

Samen

Je länger ein Samen durch die Luft fliegt, desto weiter kann er sich von seiner Mutterpflanze entfernen.

Die Samen eines Ahorns haben Flügel wie die Rotoren eines Hubschraubers.

Die Flügel helfen den Samen dabei, durch die Luft zu wirbeln.

Ahornsamen

Flügel

Teste es!

Welche Samenformen werden wohl am besten durch die Luft fliegen?

Du brauchst:
- ein Notizbuch und einen Stift
- eine Schere
- Kleber
- Bastelmaterialien wie Perlen, Federn, Papier, Knete, Kordeln
- ein Maßband

1. Schreibe deine Ideen auf und male sie.

2. Nutze die verschiedenen Materialien, um deine Zeichnung nachzubasteln.

3. Suche dir einen geeigneten Ort für deinen Versuch. Lege deinen gebastelten Samen auf deine Handfläche. Puste den Samen weg.

Wie weit ist der Samen geflogen? Miss die Entfernung mit dem Maßband und schreibe das Ergebnis auf.

Was würdest du verändern, damit der Samen noch weiter fliegt?

4. Mache eine neue Zeichnung und teste den neuen Samen!

Samen und Früchte essen

In vielen Nahrungsmitteln sind Samen und Früchte.

Eine Frucht ist ein Teil einer Pflanze, der Samen enthält. Wir denken dabei an Gemüse wie Gurken, Paprika und Tomaten, aber auch das sind eigentlich Früchte.

Walnusskern

Kürbiskerne

Hast du schon einmal den winzigen Knubbel in einem Erdnusskern bemerkt? Aus diesem Knubbel entsteht eine neue Erdnuss.

Noch mehr Samen

Welche dieser Nahrungsmittel wurden aus Samen hergestellt?

Nudeln

Reis

Alle!

Haferbrei wird aus den Samen von Hafer zubereitet.

Wenn du Reis isst, isst du die Samen der Pflanze.

Die Samen von Weizen werden zu Mehl gemahlen, das man für die Weiterverarbeitung zu Brot, Keksen und Kuchen verwendet.

Weizensamen braucht man auch, um Nudelteig herzustellen.

Der Teig wird durch Messer in Form geschnitten.

Messer

Weizen, Reis und Hafer sind Arten von Graspflanzen. Die Samen dieser Pflanzen nennt man **Getreide.**

Finde es heraus!

Welche Samen und Früchte hast du diese Woche gegessen?

Erstelle eine Liste.

Denke auch an Nahrungsmittel, die aus Getreide hergestellt werden.

Toast mit Erdbeerkonfitüre

Vom winzigen Samen ...

Die meisten Samen fallen im Sommer aus ihrer Mutterpflanze. Dann warten sie in der Erde auf den Frühling, um zu wachsen.

Ein Löwenzahn wächst schnell.

Er bildet in nur wenigen Wochen Blätter, Blüten und Samen.

Die meisten Bäume wachsen langsam. Einige Arten leben für Hunderte oder sogar Tausende von Jahren.

Glossar

Getreide
So nennt man die Samen von Graspflanzen wie Weizen oder Reis. Sie werden zu Nahrungsmitteln weiterverarbeitet und von Menschen gegessen.

Keimling
Eine neue, junge Pflanze, die aus einem Samen wächst.

Nährstoffe
Ein Lebewesen braucht Nährstoffe, um zu wachsen und gesund zu bleiben.

Nektar
Ein süßer Saft, der in Blumen entsteht. Bienen, Schmetterlinge und Hummeln trinken ihn.

Pollen
Farbige Staubkörner, die von Pflanzen hergestellt werden. Sie brauchen die Pollen, um Samen zu bilden.

Trieb
Ein neuer Teil einer Pflanze. Triebe wachsen aus Samen und aus bereits bestehenden Pflanzen.

Index

B
Baum 9, 10, 16, 17, 31
Blüte 11–16, 18, 30

E
Eicheln 4–6, 8, 9

F
Frucht 16, 17, 22, 26, 27, 29

G
Getreide 29, 32

I
Insekt 13, 15

K
Keimling 7–11, 20, 21, 30, 32

N
Nährstoffe 10, 20, 32
Nektar 14, 15, 32

L
Löwenzahn 24, 30

P
Pollen 12–14, 18, 32

S
Sonnenblume 10, 11

T
Trieb 6, 7, 32

W
Weizen 28, 29

Z
Zapfen 18, 19